Notice Historique

SUR

ALEXIS LARREY,

Lue dans la séance publique de l'Académie Royale des Sciences, Inscriptions et Belles-Lettres de Toulouse,

Le 15 Janvier 1829,

PAR

M. Ducasse fils, de Toulouse.

Toulouse,

IMPRIMERIE DE CAUNES,

RUE DES TOURNEURS.

1829.

L n° 27/11561

NOTICE HISTORIQUE

SUR

ALEXIS LARREY.

NOTICE HISTORIQUE

SUR

ALEXIS LARREY,

Chevalier de la Légion d'Honneur, Ancien Directeur de l'École de Médecine, Intendant des Hospices Civils, Membre libre de l'Académie Royale des Sciences, Inscriptions et Belles-Lettres ; de la Société Royale de Médecine, Chirurgie et Pharmacie de Toulouse ; Membre du Jury Médical du département de la Haute-Garonne, et Associé correspondant de l'ancienne Académie Royale de Chirurgie ;

LUE DANS LA SÉANCE PUBLIQUE

De l'Académie Royale des Sciences, Inscriptions et Belles-Lettres de Toulouse, le 15 Janvier 1829,

PAR

M. DUCASSE Fils (DE TOULOUSE),

Correspondant de l'Académie Royale de Médecine, de la Société Médicale d'Émulation, de l'Académie Spéciale d'Accouchemens de Paris ; Professeur adjoint à l'École de Médecine, Secrétaire-Général de la Société Royale de Médecine, Chirurgie et Pharmacie ; Membre de l'Académie Royale des Sciences, Inscriptions et Belles-Lettres de Toulouse ; Correspondant de la Société Royale de Médecine, et de la Société Académique de Médecine de Marseille ; des Sociétés de Médecine de Lyon, de Bordeaux, de Metz, de Tours, d'Evreux, etc.

TOULOUSE,

IMPRIMERIE DE CAUNES, RUE DES TOURNEURS.

1829.

NOTICE HISTORIQUE

SUR

ALEXIS LARREY.

MESSIEURS,

C'est avec le sentiment d'une profonde reconnaissance, que je viens retracer à vos yeux le souvenir d'un de nos collègues que l'académie comptait depuis long-temps dans son sein. A la considération qui s'attache naturellement à tous les hommes d'un mérite supérieur, se joint encore pour moi un motif peut-être plus légitime. C'est en effet sur les bancs de l'école présidée par M. Larrey, que j'ai reçu les premiers élémens de la science et de l'art de guérir ; c'est au milieu des entretiens qu'il se plaisait à avoir avec ses nombreux élèves, que j'ai puisé une partie de ces connaissances qu'il s'avait si bien communiquer, et surtout ce zèle éclairé, cette ardeur infatigable dont il était un si rare modèle lorsqu'il s'agissait de multiplier les foyers d'une instruction vaste et solide. Une main plus habile élevera sans doute à sa mémoire un monument plus digne d'elle ; elle saura mieux faire ressortir les traits qui le distinguaient, et les présenter sous leurs couleurs naturelles. Quant à moi, je n'ai, dans cette courte notice biographique, que la prétention de payer la dette du cœur, et celle que l'académie contracte envers chacun de ses membres. Elle a voulu, en effet, qu'après avoir eu le malheur de les perdre, elle pût encore honorer leur cendres, et trouver une source nouvelle de regrets dans les détails d'une existence consacrée toute entière à ses travaux. Heureux celui qui peut s'offrir sans crainte à ce tribunal de la vérité, et dont la conduite, après avoir été un exemple d'émulation pendant sa vie, est encore, après sa mort, un sujet de louange et de vénération publiques.

Tel fut l'honorable collègue dont l'académie déplore aujourd'hui la perte dans la personne d'Alexis Larrey, chevalier de la légion d'honneur, ancien directeur de l'école de médecine, intendant des hospices civils, membre libre de l'académie royale des sciences, inscriptions et belles-lettres ; de la société royale de médecine, chirurgie et pharmacie de Toulouse ; membre du jury médical du département de la Haute-Garonne, et associé correspondant de l'ancienne académie royale de chirurgie. Il naquit, en 1750, à Baudéan, dans la vallée de Campan, département des Hautes-Pyrénées. Je ne suivrai pas le jeune Larrey dans les détails minutieux d'une enfance, qui, comme celle de la multitude, s'écoule le plus souvent sans laisser de souvenirs remarquables. Une éducation de village ; des leçons élémentaires sur la grammaire et sur l'écriture données par le curé du lieu, avec plus de zèle que de profondeur, en signalèrent le cours, et suffisaient imparfaitement à l'intelligence précoce de l'élève, qu'un secret pressentiment avertissait déjà qu'il était destiné à un plus grand théâtre. Mais comment lutter avec succès contre les caprices du sort ! Ses parens, peu riches, privés des moyens pécuniaires qui contribuent si puissamment au développement de nos facultés, par la facilité qu'ils nous donnent à multiplier les sources de l'enseignement, ne pouvaient pas lui en procurer les heureux avantages ; car la fortune semble quelquefois se jouer des hommes , et éloigner de ses faveurs ceux qu'elle réserve à faire briller par leur savoir, comme si, en les abandonnant à leurs propres forces, elle voulait rendre leur triomphe plus éclatant.

Cependant, au milieu de cette incertitude de l'avenir, de ces vagues désirs d'arriver à une plus honorable existence, le jeune Larrey avait atteint sa quinzième année. Placé à cette époque à l'hôpital Saint-Joseph de la Grave, sous la protection du baron de Baudéan, qui lui portait le plus vif intérêt, ou qui sans doute avait mieux pénétré sa secrète ambition, il sentit qu'une nouvelle carrière s'ouvrait devant lui. Il en mesura toute l'étendue; ne se laissa rebuter par aucune des difficultés qui en rendent l'entrée si pénible à la présomption et à la faiblesse, et, certain de réussir, il se livra aux études qu'elle exige, avec une ardeur qui ne s'est jamais démentie. C'est là qu'il prit ce goût décidé, et qui ne s'affaiblit pas avec l'âge, pour les études anatomiques. Son esprit droit et positif se plaisait à demander à la nature morte les secrets de l'organisation, à méditer sur les rapports que les organes conservent entre eux, et à apprécier l'importance de leur étude dans le traitement des maladies. Aussi, lorsque l'écrivain qui imprima à cette branche de l'art de guérir une secousse si profonde et si philosophique, parut sur la scène médicale, lorsque l'immortel *Bichat* eut donné au monde savant son anatomie générale, notre collègue en fit presque l'objet exclusif de ses méditations. Il pressentit le nouveau jour que tant d'utiles recherches devaient bientôt jeter sur les points les plus obscurs de la science, et se voua sans réserve à l'étude d'un ouvrage qui faisait tant d'honneur à la France, et que, dans sa jalouse inquiétude, l'Angleterre nous a si souvent envié.

C'est avec le même sentiment de justice, avec la même hauteur de raison, que dans l'éloge historique d'Alexis *Pujol*, prononcé dans une séance publique de la société de médecine, dont il fut plusieurs fois nommé président, il porta son jugement sur les divers écrits échappés à sa plume. *Pujol* fut en effet un des premiers médecins de nos contrées. Sa longue expérience, son coup-d'œil sûr et rapide, ses profondes notions sur les phénomènes de la vie, rendirent mille fois sa présence nécessaire au lit du malade, et peut-être ne lui aurait-il fallu qu'un plus grand théâtre pour s'élever au niveau des plus brillantes renommées contemporaines. C'est surtout dans les mémoires nombreux qu'il publia, et dont plusieurs avaient été couronnés par la société royale de médecine, qu'il aimait à déposer les fruits de ses laborieuses méditations. Témoin chaque jour des funestes résultats obtenus par un traitement incendiaire, des désordres organiques que des remèdes violens produisaient sous ses yeux dans les inflammations abdominales, qui, sous le nom de *Carreau*, détruisent une partie de la population, le praticien de Castres voulut appeler l'attention des médecins sur cette affection importante. Il en étudia le vrai caractère, en traça le tableau fidèle, posa les bases générales d'une thérapeutique éclairée, et, si je ne me fais point illusion, si la prévention n'égare pas ma pensée, je vois dans ce bel écrit la première origine d'un ouvrage plus célèbre sans doute, plus étendu, plus riche de faits, et que, sous le titre de *Phlegmasies Chroniques*, Broussais a depuis long-temps donné à la science. Mais revenons à notre collègue dont cette digression nous a un instant écarté.

Bonnet exerçait alors dans l'hôpital de la Grave les fonctions de chirurgien en chef. Le zèle du jeune Larrey, sa constante application, son opiniâtre persévérance, son exactitude à remplir ses devoirs excitèrent bientôt son attention et son intérêt. Il sentit qu'avec de si heureuses dispositions ses succès étaient infaillibles ; des relations de confiance et d'amitié s'établirent entre eux ; la plus douce intimité réunit le maître et l'élève, comme si *Bonnet*, en lisant dans l'avenir, avait déjà vu dans son jeune ami son gendre et son successeur.

Le sort de Larrey semblait définitivement arrêté. Son amour pour le travail se fortifiait encore au milieu des plus flatteuses espérances, et acquérait plus de force à mesure qu'il en était récompensé. Mais la vie des hommes serait trop douce, si elle n'était jamais marquée par des revers. Peut-être même le talent a besoin d'un peu d'infortune pour grandir, pour se développer, et n'est-il destiné à briller que parmi les orages. Celui qu'éprouva le jeune Larrey faillit interrompre tout-à-coup le cours de ses travaux, et le priver du fruit de ses veilles. La mort vint inopinément frapper son protecteur, et *Bonnet* descendit au tombeau avant d'avoir pu réaliser la fortune de son élève. Affligé par un événement si funeste, privé du seul appui qui lui restait, quel lien pouvait désormais retenir le jeune Larrey dans cet asile où il avait perdu un ami si rare? Il craignit avec raison que son successeur ne sût pas apprécier les services qu'il pouvait rendre aux malheureux qui viennent y chercher un refuge, et peut-être aussi de ne pas rencontrer dans le nouveau chef la même complaisance et les mêmes conseils. Il quitta donc la Grave, incertain encore de sa destinée, mais bien résolu cependant à suivre la pratique de quelque chirurgien de Toulouse.

Parmi les hommes de l'art qui brillaient alors dans cette cité, M. *Frizac* tenait une place distinguée : c'est à lui que le jeune Larrey s'attacha de préférence. A la facilité d'étudier avec fruit les résultats d'une médecine pratique très-étendue, il trouvait encore auprès de son maître, chargé de faire aux élèves des cours d'anatomie, une occasion nouvelle de suivre ses occupations favorites. Telle fut, en effet, sur son esprit leur profonde influence, qu'il ne parlait jamais qu'avec enthousiasme des merveilles de notre organisation, et que, rempli de la pensée d'*Hippocrate*, il ne concevait pas qu'on pût jamais se distinguer dans l'exercice de la médecine et de la chirurgie, sans en avoir acquis une connaissance parfaite. S'il m'était permis ici d'invoquer le témoignage des nombreux disciples qui accouraient pour assister à ses utiles leçons, en est-il un seul qui n'aimât, comme moi, à en retracer les avantages. Non que dans sa chaire académique Larrey fût doué de ces qualités brillantes qui caractérisent le professeur éloquent. La nature, sous ce rapport, lui avait témoigné peu d'indulgence. Mais quand on mettait de côté cette énergique simplicité, cette rudesse, cette âpreté de langage, pour ne songer qu'à la méthode de l'enseignement, à l'exactitude des descriptions, à ces mouvemens pittoresques et animés, qui mettaient en action ce que la parole n'aurait qu'imparfaitement exprimé, l'admiration succédait alors à l'espèce de répugnance qu'on avait éprouvée ; on était tout étonné d'apprendre en un jour ce que sous d'autres maîtres on n'aurait qu'incomplètement aperçu, et préférant la solidité de l'enseignement à la grâce, à l'harmonie d'une phrase vide et sonore, nous revenions encore avec plus de zèle nous initier, auprès de lui, à des secrets qu'il expliquait avec si grande exactitude.

Ce n'était pas assez cependant pour le jeune

Larrey d'avoir consacré dix années entières à l'étude de l'art de guérir, d'avoir cherché, au milieu des travaux pénibles qu'il exige, les connaissances variées qui seules peuvent en rendre la pratique profitable. Il sentait qu'il manquait encore quelque chose à ses succès, et que pour lui être utiles et consolider son avenir, il fallait qu'il pût les produire au grand jour. L'occasion ne tarda pas à se présenter. De temps immémorial la place de chirurgien en chef de l'Hôtel-Dieu-St.-Jacques était donnée au concours. Chaque dix années ce concours était ouvert à une noble émulation, et de toutes parts se réunissait à Toulouse une foule de candidats pour y disputer la couronne. Cette époque, si impatiemment attendue, vint enfin pour le jeune Larrey. Il s'inscrivit un des premiers sur la liste : mais le sort trompa son attente. La place, habilement disputée, ne fut pas son partage, et plus heureux que lui, *Viguerie* père, dont le nom figura à cette époque, et figure encore avec tant d'éclat parmi les chirurgiens de cette ville, fut proclamé son vainqueur.

Ah! pourquoi une administration réparatrice n'a-t-elle pas rouvert avec empressement ces luttes honorables où le mérite modeste était sûr de trouver dans la publicité la juste récompense de ses travaux, et quelquefois un véritable triomphe? Pourquoi, à l'imitation des grandes villes de France, ces concours précieux n'ont-ils pas été rétablis? Sources inépuisables d'une émulation sans cesse renouvelée, qui pourrait calculer les résultats que la science en aurait retiré? Animé par la douce espérance de parvenir un jour au premier rang de sa profession en se mesurant avec avantage avec ses nombreux rivaux, l'élève avait sans cesse présens à la pensée les moyens d'y arriver avec gloire. Ni les travaux les plus pénibles, ni les études les plus sévères, ne pouvaient ralentir son zèle ou fatiguer son émulation. Il savait qu'à cette qualité de chirurgien en chef était encore attaché le titre de la *maîtrise*, sans aucun frais de réception et d'examen, et sa jeune ambition, dévouée toute entière à ce rang élevé, plaçait dans son heureuse jouissance son orgueil, sa prospérité et son désir de fortune.

Mais depuis que, par une négligeance déplorable, cette rivalité de talens a été détruite, depuis que les concours ont été supprimés et qu'à la faveur seule appartient le droit de disposer d'un rang qui était le patrimoine de tous, l'émulation a cessé d'animer cette jeunesse studieuse qui se pressait autour de notre enceinte. Leurs idées, retenues dans des limites plus resserrées, osent à peine s'élever jusqu'à l'exécution d'une opération sanglante : ils savent que la carrière où peut se dessiner une sage hardiesse, leur est fermée sans retour ; que les places accordées à une stérile et peu flatteuse protection, ne doivent jamais leur appartenir, et, découragés par une si désolante partialité, ils brisent dans leurs mains des armes devenues désormais inutiles. Combien de fois, m'entretenant avec notre collègue de cet abus funeste, je l'ai vu rappeler de toute la portée de ses désirs, de toute la chaleur de son âme, le rétablissement de ces luttes décennales, où il savait que son nom n'avait pas succombé sans gloire ! Qu'on ouvre la barrière, s'écriait-il, avec cet accent qui part du cœur, et à l'instant une foule ambitieuse va se précipiter dans l'arêne. La chirurgie toulousaine, trop long-temps obscurcie par l'éclat que répand autour de nous celle de plusieurs villes voisines, se relevera plus brillante et plus belle, et nous n'aurons plus à supporter le reproche humiliant de n'avoir pas dans nos murs des talens assez nombreux, des écrivains assez distingués, pour fournir à la création d'une nouvelle école spéciale de médecine!

Ainsi parlait, dans le dernier temps de sa vie, le collègue vénérable que les souvenirs de sa jeunesse venaient charmer encore, en lui rappelant ses triomphes. Quelqu'imparfait que le sien eût été dans sa lutte contre un redoutable adversaire, l'opinion publique, ce dernier juge de nos travaux, n'oublia pas ses efforts et son zèle, et l'administration des hôpitaux, en accueillant son suffrage, crut devoir récompenser son dévouement et son mérite, en le nommant chirurgien en chef de l'hôpital de la Grave, où il avait commencé sa carrière.

Larrey sentit bientôt tous les avantages qu'il pouvait retirer de sa nouvelle situation. Il reconnut combien le séjour dans cette vaste enceinte, où viennent se rassembler toutes les infirmités humaines, devait former sa raison, et lui rendre familiers les cas de pratique les plus rares et les plus embarrassans. On conçoit, en effet, avec quelle attention il dut examiner les anomalies nerveuses, les aliénations mentales qui s'y observent en foule; combien ces affections réputées incurables, auxquelles cet hôpital sert exclusivement d'asile, durent frapper son imagination et aiguillonner sa pensée. Malheureusement les esprits n'étaient pas assez préparés à ces importantes études ; une douce philantropie n'avait pas indiqué la véritable marche à suivre dans l'application raisonnée des règles de la thérapeutique, et le célèbre *Pinel* n'avait pas encore enrichi la science du fruit de ses savantes élucubrations. Mais si le séjour de notre collègue dans ce vaste hospice fut à-peu-près stérile sous ce rapport, il lui devint plus favorable dans le traitement des autres classes de maladies, où les ressources d'un art conservateur ne sont pas prodiguées sans succès. Plusieurs observations recueillies avec soin, rédigées avec précision, publiées surtout avec une rare franchise, témoignaient hautement des qualités qu'on exige du bon praticien, et justifiaient, aux yeux de ses concitoyens, le choix d'une administration éclairée. Parmi la multitude des faits que je pourrais faire connaître, je me plais surtout à rappeler un des plus importans d'anatomie pathologique, que dans l'intérêt de la science il s'empressa de communiquer à la première compagnie du royaume, et qui, en lui ouvrant les portes de l'académie de chirurgie, devint pour lui une occasion d'entretenir avec son illustre secrétaire perpétuel une correspondance où chaque phrase de *Louis* témoigne de l'estime qu'avait su lui inspirer le chirurgien de Toulouse. En attribuant les ankyloses générales observées sur un individu qui vécut encore quelque temps dans cet état, à l'inflammation répétée des surfaces articulaires, ainsi qu'au repos absolu et trop long-temps prolongé des membres, notre collègue semblait pressentir les découvertes que le temps devait apporter avec lui dans cette branche des connaissances médicales. Il entra d'avance dans les vues de ce *Bichat*, dont il médita par la suite les écrits profonds, les travaux positifs, les recherches immenses, et peut-être son admiration pour ce grand homme tenait-elle à cette espèce d'harmonie qu'établit la nature dans quelques esprits privilégiés. L'académie ne se crut pas quitte envers lui par le titre d'associé correspondant qu'elle lui accorda sans partage. Elle voulut encore récompenser son zèle, en lui décernant une médaille d'or de deux cents francs ; et cependant, comme l'a dit un de ses panégiristes (*), avec le sentiment d'une généreuse indignation, *lorsqu'il touchait à la fin d'une vie consacrée à la pratique et à l'enseignement, sa nomination à la place de*

(*) M. Duffourc, président de la société de médecine de Toulouse.

correspondant de la nouvelle académie de médecine, n'a pu, quelques années plus tard, obtenir l'approbation d'un ministre !...

Je ne vous parlerai pas, Messieurs, de ses succès dans une carrière qu'il parcourut avec tant d'éclat. Ils sont tous présens à votre souvenir. Les droits qu'il sut acquérir à la confiance publique, ne furent jamais méconnus, et dans toutes les occasions solennelles, dans les circonstances épineuses où ils pouvaient se trouver, les malades et ses collègues s'empressaient à l'envi de réclamer ses conseils. Appelé à siéger dans le sein de la société royale de médecine, à l'époque de son institution ; nommé professeur d'anatomie et de physiologie, dès la première organisation de l'école secondaire de médecine, il fut également compris parmi les membres de l'académie royale des sciences de Toulouse, lorsqu'elle sortit de ses ruines, après le mouvement destructeur qui l'avait dispersée. Quoique déjà fatigué par l'âge et par ses pénibles travaux, vous n'avez point oublié l'exactitude qu'il apportait à suivre ses séances, avec quel intérêt il apprenait tous ses succès, et de quelle sagesse il ornait les avis qu'on réclamait de sa longue expérience. Son titre d'académicien lui imposait encore d'autres devoirs, qu'il remplissait avec le même empressement. Une pratique étendue le mettait à même de recueillir une foule d'observations importantes, et parmi celles qu'il vous a communiquées, je me contenterai de citer une asphyxie produite chez un jeune homme, par des alimens, qui en remontant, pendant le sommeil, de la cavité gastrique, avaient été refoulés dans la trachée artère où ils occupaient ce conduit jusqu'à son quatrième anneau. Observation piquante, qui intéresse les praticiens et les jurisconsultes, non seulement par sa rareté, mais surtout par sa coïncidence avec un phénomène inséparable de cette espèce de mort violente, et que notre collègue a reconnu exister dans tous les cas d'asphyxie soumis à son examen, je veux dire l'engorgement et l'inflammation de la membrane muqueuse qui tapisse la trachée artère. C'est ainsi que ce chirurgien distingué savait étudier les faits, en saisir l'enchaînement, et les faire servir aux progrès et à l'utilité de la science.

Courbé cependant sous le poids des années, affaibli par tant de travaux, il sentait décroître à la fois ses forces morales et physiques. Malgré la vigueur d'une constitution robuste, une maladie sérieuse, dont le siège était la muqueuse intestinale, mit ses jours dans le plus grand danger, et en les épargnant quelque temps encore, lui prépara cette longue et douloureuse agonie, qui le fit descendre plus lentement au tombeau. Obligé de renoncer à l'enseignement, qui fut l'occupation la plus chère à son cœur, la plus utile à son intelligence; d'abandonner l'exercice de sa profession, qui avait pour lui tant de charmes, et dont il avait rempli avec tant de zèle les devoirs rigoureux, il fut forcé de garder un repos absolu, et cette inaction subite accélera encore la détérioration de toutes ses fonctions organiques. Elle marchait rapidement aux yeux de ceux qui conservant avec lui quelques rapports, cherchaient en vain à s'en dissimuler les progrès. Bientôt on n'aperçut plus que l'ombre de cette vie, qui jadis avait été si active. Les opérations de l'intelligence semblaient éteintes; les soins affectueux d'une famille éplorée, les consolations de la religion, en rallumaient de temps en temps quelques vives étincelles; mais le mal était hors de toute ressource, et la mort vint mettre un terme à ses souffrances le 17 décembre 1827, dans la 78.ᵉ année de son âge.

Ses dernières volontés ont été ponctuellement suivies. Il voulut que sa dépouille mortelle devînt encore un sujet d'instruction, et qu'on pût vérifier, après sa mort, s'il avait exactement apprécié la nature de la cause qui l'avait produite. Sa prédiction se trouva confirmée par l'autopsie. On trouva environ huit onces de sérosité entre l'arachnoïde et la pie-mère, ainsi que dans les ventricules latéraux : et l'épaississement de la cloison qui les sépare, et de quelques parties des méninges, fut justement attribué à l'existence d'une inflammation chronique, qui avait successivement déterminé l'épanchement, la paralysie et la mort.

L'académie apprit avec douleur une perte si grande. Mais, fidèle à ses institutions, elle a cherché à honorer sa mémoire en racontant quelques traits de sa vie, et en accueillant la demande de son fils, M. *Auguste Larrey*, qui marche avac tant de bonheur sur les traces de son père, et promet de perpétuer les talens héréditaires de sa famille. C'est ainsi qu'elle a rempli un devoir pieux, et qu'elle a conservé dans son sein un nom également vénéré en France, dans la chirurgie civile et dans la chirurgie militaire.

www.ingramcontent.com/pod-product-compliance
Lightning Source LLC
Chambersburg PA
CBHW062003070426
42451CB00012BA/2565